Todos los libros de Linkgua Ediciones cuentan con modelos de Inteligencia Artificial entrenados por hispanistas. Pregúntale al chat de tu libro lo que desees acerca de la obra o su autor/a.

Para ebooks: Accede a nuestro modelo de IA a través de este enlace.

Para libros impresos: Escanea el código QR de la portada con tu dispositivo móvil.

Obtén análisis detallados de nuestros libros, resúmenes, respuestas a tus preguntas y accede a nuestras ediciones críticas generativas para una experiencia de lectura más enriquecedora.
La transparencia y el respeto hacia la autoría de las fuentes utilizadas son distintivos básicos de nuestro proyecto. Por ello, las respuestas ofrecen, mediante un sistema de citas, las fuentes con las que han sido elaboradas.

Bonifacio Byrne

Poemas

Barcelona 2024
Linkgua-ediciones.com

Créditos

Título original: Poemas.

© 2024, Red ediciones S.L.

e-mail: info@linkgua.com

Diseño de cubierta: Michel Mallard.

ISBN rústica: 978-84-9816-674-3.
ISBN ebook: 978-84-9897-636-6.

Sumario

Brevísima presentación

La vida

Bonifacio Byrne (Matanzas, 3 de marzo de 1861-Matanzas, 5 de julio de 1936). Cuba.

En 1890 fundó los periódicos *La Mañana* y *La Juventud Liberal*. Su primer libro de poemas apareció en 1893. Hacia 1896 Byrne emigró a los Estados Unidos tras publicar sus sonetos inspirados en el fusilamiento de Domingo Mejía. En el exilio fundó en Tampa, el Club Revolucionario, del cual fue secretario. Durante su estancia en esa ciudad, trabajó además como lector de tabaquerías y colaboró en los periódicos *Patria*, *El Porvenir* y en *El Expedicionario*.

Byrne volvió a Cuba en 1899. En la República cubana fue secretario del Gobierno Provincial de Matanzas y de la Superintendencia Provincial de Escuelas. En 1909 fundó el periódico *El Yucayo*, y escribió en *La Primavera*, *El Ateneo*, *Diario de Matanzas*, *El Fígaro* y en *La Discusión*.

Al final de su vida, en 1935, Byrne fue miembro fundador del Grupo Índice.

Domingo Múgica

Murió de cara al mar aquel valiente,
bañado por la luz de la alborada,
noble, serena y firme la mirada,
tranquilo el corazón, alta la frente.

Cerca, la muchedumbre indiferente
para ver aquel crimen congregada,
mejor hubiera estado arrodillada,
que es la actitud que cuadra al impotente.

¡Murió de cara al mar, en hora impía!,
y no rugió de rabia el Océano,
ni en noche eterna convirtióse el día.

Murió con el valor de un espartano,
mientras la Libertad le sonreía
señalándole el cielo con la mano.

El baile

Con un látigo en la mano
a tres jóvenes hermosas
hace bailar el tirano;
parecen tres mariposas
volando junto a un pantano.

Las desnuda, las abraza,
por el talle las enlaza,
y si, airadas, huyen de él,
al punto el látigo traza
un surco rojo en la piel.

Encarnadas las mejillas,
inermes como avecillas,
al suelo cayeron yertas;
¡y cayeron de rodillas,
y las tres cayeron muertas!

Nuestro idioma

Hallo más dulce el habla castellana
que la quietud de la nativa aldea,
más deleitosa que la miel hiblea,
más flexible que espada toledana.

Quiérela el corazón como una hermana
desde que en el hogar se balbucea,
porque está vinculada con la idea,
como la luz del Sol con la mañana.

De la música tiene la armonía,
de la irascible tempestad el grito,
del mar el eco y el fulgor del día;

la hermosa consistencia del granito,
de los claustros la sacra poesía
y la vasta amplitud del infinito.

El sueño del esclavo

Hosco y huraño, en reducida estancia
vive el esclavo mísero, y su empeño
es beber el narcótico del sueño,
igual que un néctar de sutil fragancia.

En el antro sin fin de la ignorancia
le hundió por siempre su insensible dueño,
y es la cólera huésped de su ceño,
y una historia patética su infancia.

¡Ora durmiendo está! ¡Tened cuidado
los que cruzáis deprisa por su lado!
¡Ninguna voz en su presencia vibre!

Dejad que el triste de dormir acabe,
y no le despertéis, porque ¡quién sabe
si ese esclavo infeliz sueña que es libre!...

¿Cuál sería...?

¡Se fue del mundo sin decirme nada!
Cesaron de su pecho los latidos,
sin que su voz llegase a mis oídos,
triste, como una antífona sagrada.

En su alcoba revuelta y enlutada
quedaron sus recuerdos esparcidos,
como quedan las plumas en los nidos,
si el ábrego sacude la enramada.

Dios, para quien no existe un solo arcano,
únicamente contestar podría
esta pregunta, que formulo en vano:

«Su último pensamiento, ¿cuál sería,
cuando, muriendo, me apretó la mano
y cruzó su mirada con la mía?»

Los muebles

¿Por qué no? Cada mueble
puede hacernos alguna confidencia:
en una alcoba triste un lecho endeble,
no es difícil que pueble
de trágicas visiones la conciencia.

El armario de pino
que en el rincón aquel yace olvidado,
¿no es verdad que parece un peregrino,
rendido y fatigado,
entre las asperezas del camino?

El mullido sofá semeja un lecho
que al sueño y al deleite nos invita:
cómplice del amor está en acecho,
atisbando el latido con el pecho
los éxtasis presiente de la cita.

¿Qué pretendéis, al sumergir la mano
en aquella recóndita gaveta?
¡Buscáis, buscáis en vano
la página de amor, dulce y secreta,
que ella retiene, así como sujeta,
al náufrago infeliz el Océano!

Las sillas, con sus formas atrayentes,
surgiendo en la solemne ceremonia,
simulan magistrados imponentes,
llenos de distinción y parsimonia.

¿Habéis visto los viejos escritorios?
Semejan, por su aspecto, emperadores
que yacen en sus vastos dormitorios,
pensando que la pompa y los honores
son pálidos fantasmas ilusorios.

Son los cofres adictos camaradas
que con nosotros van en nuestros viajes;
duermen en nuestra alcoba en las posadas,
y en el andén les rinden homenajes
como si fuesen testas coronadas.

Melancólicos pasan por la vida;
con inmenso pesar escuchan ellos
el sollozo, el adiós de la partida,
y custodian el rizo de cabellos
que ató, llorando, una mujer querida...

Amontonados en su seno yacen
versos de amor y cálices de rosas,
que silenciosamente se deshacen
debajo de las cartas amorosas
que entre suspiros nacen
para morir dispersas y borrosas...

Cuando vierte la tarde los reflejos
que brotan de sus ojos entornados,
dando un opaco tinte a los marfiles
de los misales y los Cristos viejos...,
decidme ¿no habéis visto en los espejos
pavorosos perfiles

de rostros demacrados,
que acaso llegarán desde muy lejos,
tristemente impulsados
por ráfagas errantes y sutiles?

Si veis a medianoche los estantes
en donde los infolios permanecen,
notaréis que los libros se estremecen
en poder de unas manos vacilantes,
que en el aire se alargan, y parecen
lirios que van por el espacio errantes.

El lecho es un amigo
que nada exige de su afecto en pago:
con idéntico halago
recibe al poderoso que al mendigo;
él es quien oye el misterioso y vago
paso exterminador del enemigo,
que nos hace pasar por el postigo
que se abre y cierra en el postrer momento,
y él es quien, melancólico, soporta
la rigidez del cuerpo macilento,
cuando la muerte con su soplo corta
la frágil hebra del vital aliento.

Hay efigies muy bellas en las paredes
próximas pendientes,
que nos hablan de espíritus ausentes
cuando fijamos la mirada en ellas.

Pero hay otras de ceño cejijunto...
¡esas parece que se están odiando!,

y, al verlas, me preguntó:
¿en qué estarán pensando?...
¡Tal vez en las pupilas de un difunto
que desde lejos las está mirando!

Servidores amables y discretos
que sabéis mis secretos,
mis luchas y mis locos desvaríos;
que me habéis visto caminar a oscuras
en horas de funestos extravíos;
que en momentos de angustia y de quebranto,
contemplando un cadáver, de mi llanto
habéis visto correr las ondas puras;
que me habéis visto sollozar delante
de un libro fulgurante,
besar la firma del autor lejano,
y su inmóvil y pálido semblante,
lo mismo que si fuera el de un hermano;
que de memoria conocéis mis versos
que nacieron, eufónicos y tersos,
y que habéis presenciado la agonía
de mis sueños errantes y dispersos...
¡Oh muebles, muebles míos,
trémulo de emoción y de alegría,
dejadme a todas horas contemplaros,
igual que los avaros
contemplan su tesoro cada día!

Cuando Dios justiciero
me sentencie a morir, en ese instante
por la postrera vez miraros quiero,
como antes de expirar, el caminante

se fija agradecido en el lucero
que fue su misterioso acompañante.

Harén de estrellas

Del mar vecino hasta la margen llego
y lanzándome en alas de la mente,
antes de que se extinga el Sol poniente,
monto de un salto en su corcel de fuego.

Evoluciono en el espacio... Luego
cruzo como un relámpago el ambiente,
las águilas contemplo frente a frente
y mi bandera en el azul despliego...

Escribo un madrigal en una nube,
y, al ver que exangüe, mi corcel no sube
al asilo en que mueren las querellas,

un alcázar fabrico en un celaje,
y cada vez que vuelvo de ese viaje
torno feliz con un harén de estrellas.

En el tren

A Aniceto Valdivia.

Un guante de flexible cabritilla
asoma por la estrecha ventanilla
del cómodo y magnífico vagón...
Oprime el guante una sedosa mano,
detrás de la que un busto soberano
surge, como una rosa, del botón.

Una mujer de insólita belleza,
le dice adiós, con íntima tristeza,
a un niño que solloza en el andén...
Ella agita en el aire su pañuelo,
mientras el melancólico chicuelo,
ve a través de sus lágrimas el tren.

En un rincón del coche, enamorados,
con los húmedos ojos entornados,
se miran una dama y un galán.
Irradia la mujer como una estrella:
él hoy ante el altar se unió con ella...
¿dónde los dos a idolatrarse irán?

Antes de que el convoy ligero parta,
un emisario fiel, con una carta,
se aproxima a un romántico doncel;
éste devora el contenido aprisa,
la epístola destruye, y a la brisa
arroja los fragmentos de papel.

Un niño angelical de crespos rubios,
de su aliento inocente los efluvios
va dejando en la atmósfera sutil.
La madre lo acaricia enajenada,
y, al pasar por un túnel, angustiada
aprieta al niño con amor febril.

El monstruo se detiene, y un vicario
sosteniendo en la diestra su breviario,
sube la escalerilla del vagón,
presentándose, puro y luminoso,
lo mismo que en un antro pavoroso
hace un rayo de Sol su aparición.

Más allá, dos alegres colegialas,
casi ocultan su faz bajo las alas
de sus sombreros de plumaje gris;
y cerca de las dos adolescentes,
triturando una rosa con los dientes,
habla con ellas una esbelta miss.

Bate el viento las duras portezuelas;
los árboles, del bosque centinelas,
parecen el camino vigilar.
Crujen las grandes vértebras de acero,
y el humo, su penacho pasajero
deja sobre la máquina flotar.

Solas dejando atrás las estaciones,
rápidos van corriendo los vagones,
lo mismo que un ejército en tropel;
y veloz, en su loco atrevimiento,

el ojo alerta y con la crin al viento,
hiende los aires el audaz corcel...

Los bueyes, levantando la cabeza,
con ojos en que flota la tristeza,
ven los carros alígeros pasar,
mientras por un recodo del camino
aparece cantando un campesino,
que alegre torna a su apacible hogar.

Venciendo abismos y cruzando predios,
en uno de los pueblos intermedios
vuelve de nuevo a detenerse el tren...
Un hombre baja... Una mujer lo espera...
¡Ay de aquél que no tiene compañera,
que le aguarde impaciente en el andén!

Los que han sido un instante compañeros
fugaces y enigmáticos viajeros
a quien unió un momento el mismo afán.
de la vida en la rápida pendiente,
¿volverán a encontrarse frente a frente,
o nunca más a verse volverán?

La máquina, después de la jornada,
como una reina, hermosa y fatigada,
queda sobre el metálico raíl...
Y se ven en los coches, esparcidas,
hebras ensortijadas, desprendidas
de alguna cabellera femenil.

La ironía

Hace su aparición en la mirada,
siempre que enardecida se violenta,
como el espadachín que se presenta
con ánimo de dar una estocada.

Se mece en la sonrisa, como un hada
que de un amargo elixir se alimenta;
muerde furiosa en la implacable afrenta
y silba en la estridente carcajada.

Pero cuando, sensible y generosa,
sobre el dolor humano se desliza
y con él se confunde y se desposa,

el aire en torno suyo aromatiza,
y es como el nacimiento de una rosa
en un sepulcro lleno de ceniza.

Hacia el crepúsculo

Hacia el crepúsculo camino:
hacia el crepúsculo... Mi pie
huella los bordes de una sima,
de la que el fondo no se ve.

Hosca la noche se presenta:
un perro ladra junto a mí
y tal parece que me dice:
¡Huye ligero, huye de aquí!

Llevando un cántaro en la diestra
noto que pasa una beldad:
agua le pido... Sin oírme
se hunde en la densa oscuridad.

Y ni una luz en el sendero,
ni un ave sola, ni una flor;
ninguna mano compasiva
y ni una cláusula de amor.

Llevo una carta sobre el pecho:
una misiva de mujer...
¡Se me ha perdido! Por fortuna,
su texto pude retener.

¿Dónde esa carta perdería?
¿Quién esa epístola escribió?
¡Cómo habrá el alma iluminado
del que sus párrafos leyó!

Está lloviendo. ¡El rayo vibra!
Muge implacable el huracán,
Siento empapados mis vestidos...
Oigo unos pasos... ¡Es el can!

Pálido y solo sigo andando;
llenos de sangre están mis pies...
¡Ya surge el alba! Ya diviso
allá a lo lejos un ciprés...

Do re mi fa sol...

A Guillermo de Montagú.

La ciudad se despierta... Vibra el pito
de una locomotora que jadea,
y el hálito de cada chimenea
nubla del éter el azul bendito.

De cada callejuela surge un grito:
en el café se charla y se vocea;
en el altar el incensario humea
y el Sol baña de luz el infinito.

Un gallo canta en la extensión distante...
Cruza un carro, premioso y vacilante...
Pasa en su coche el viejo cirujano...

Los niños... el periódico... la escuela...
Y de repente un pájaro que vuela:
el do re mi fa sol en cada piano.

La alcoba

Al entrar muchas noches en mi alcoba,
y en mis frecuentes crisis de dolor,
formulo esta pregunta —¿Cuántos seres
habrán aquí vívido antes que yo?

Y he alzado la cabeza pensativo
al sentir de mi cuerpo en derredor,
algo errante, sutil imperceptible,
algo que obliga a meditar en Dios.

He pasado en mi alcoba muchas horas
mirando en la pared una inscripción,
como se mira el rizo de cabellos
de la hermosa mujer que nos amó.

En este mismo sitio donde duermo,
¿cuál es el nombre del que ayer durmió?
¿Cuántas veces, andando, contaría
las losas de esta misma habitación?

¿Dónde, la cabecera de su lecho
el antiguo inquilino colocó?
¿Dónde estaba su espejo y en qué sitio
de la pared colgaba su reloj?

¿Era joven o viejo, alegre o triste?
¿Era armoniosa o gutural su voz?
De sus cabellos el color ¿cuál era?
¿Quién fue en el mundo su primer amor?

Más de una noche, al traspasar, cansado,
el umbral de mi pobre habitación,
me ha parecido percibir mi nombre,
dicho no sé por quién, a media voz...

Y aunque encontré los muebles en su sitio,
y todo estaba intacto... ¡qué sé yo!
he escuchado pisadas en la sombra
que han hecho palpitar mi corazón.

En esta estancia ¡cuántos habrán muerto,
por la postrera vez mirando el Sol!
¡Cuántos habrán dejado en este ambiente
la tristeza infinita de un adiós!

Entre los que han vivido en esta alcoba,
tal vez alguno ha de saber quién soy...
Tal vez alguno, al encontrarme, piense
que él ha vivido donde vivo yo.

El otro aquí ha llorado; aquí, reído:
y a través del cristal de ese balcón,
vio llegar la hermosura que esperaba,
como se espera, tras la lluvia, el Sol.

El otro sus recuerdos ha esparcido
en el radio que abarca esta mansión;
átomos suyos en el aire flotan,
y aquí los hallo por doquier que voy...

¿A qué intentarlo?... ¿Cambiaré de alcoba,

como cambia de alcázares un lord?
¡Es inútil! Doquiera que me encuentre,
el otro ha de saber en donde estoy.

.

Entre los míos

A Joaquín N. Aramburu.

I   Es la vida más pródiga en dulzuras
aquélla que transcurre en la provincia,
viendo la cima del vecino monte,
viendo la cruz de la cercana ermita.

Si extiendo aquí mi diestra, surgen otras
para estrechar con avidez la mía;
su inefable fragancia me trasmiten
y su tibio calor me comunican.

Con los ojos vendados, por las calles
de su pueblo natal, ¿quién no transita,
y sabe dónde queda el cementerio,
el hospital, la iglesia y la herrería?

Esos que, cuando cruzan por mi lado,
con atención benévola me miran...
¡ésos son mis amigos de la infancia,
que me siguen queriendo y no me olvidan!

Suelo aquí tropezar con un anciano,
de elevada estatura y frente nívea;
poniéndome sus manos en los hombros,
mi pasado y el suyo resucita.

Al pasar por delante de un colegio,
mira un grupo de alegres pensionistas,
que me nombran al verme, mientras una

aterciopela con su voz mis rimas.

Los árboles que encuentro en mi camino
acaso con sus ramas me designan,
y anhelan protegerme con la sombra
que sus floridos pabellones brindan.

Aquel próvido valle es un reflejo
del Edén terrenal; pues quien lo mira,
en éxtasis profundo sumergido
tiene que prosternarse de rodillas.

Y allá lejos el mar, sótano inmenso
donde moran las pálidas ondinas,
y sobre el cual las olas encrespadas
pugnan en vano por quedarse arriba...

¡Cuán cerca esos dos ríos! Tal parece
que nacen ambos de una misma linfa,
y que son como hermanos que se abrazan
y subterráneamente se acarician.

Aquélla fue mi casa solariega;
allí murió mi padre... ¡Todavía
desde lejos, al verla, me descubro,
enjugando una lágrima furtiva!

II   ¿Quién tocará ese piano, que a distancia
parece que se queja y que suspira?
¿Quién abrió entre las sombras esa puerta
para que entrase una mujer divina?

Sentado en aquel banco del paseo
y estrujando en su diestra una misiva,
¿qué pensará aquel joven, mientras muerde
su diáfano pañuelo de batista?

¿Quién en esa deidad que desde el coro
canta una quejumbrosa melodía,
y al bajar la escalera de la iglesia
de los curiosos la mirada esquiva?

Debajo del balcón de aquella estancia
¿quién, es, a medianoche, el que publica
el romántico amor que experimenta
por una ingrata y desdeñosa niña?

¿Quién será la hermosura misteriosa
que, a través del cristal de su berlina,
de iluminar mi porvenir acaba
con el fúlgido Sol de sus pupilas?

De aquellos grandes árboles frondosos
que parecen echársenos encima,
¿quién conoce la historia, ni quién sabe
las parejas de amantes que cobijan?

Apoyada en su báculo, allá viene
aquella encantadora viejecita:
la saludo, me mira y me sonríe,
besando con afán una reliquia.

Aquella nívea cruz que abre sus brazos
en el sendero aquel, ¿qué significa?

¿Por qué viste de luto aquella virgen,
y a vivir solitaria se resigna?

¿Por qué del hombre aquel, de ceño adusto,
hay una cicatriz en la mejilla?
Cuando la multitud le reconoce,
¿por qué iracunda y sin piedad le mira?
¿Quién es aquel jinete, que atraviesa
galopando las calles de la villa,
al lado de una espléndida amazona,
que a su alazán magnífico fustiga?
¡Inútil inquirir! Mas no se espere
que pronuncie sus nombres, ni que diga
el cúmulo adorable de secretos
que para el extranjero son enigmas.

III Aquí me encuentro cerca de los míos:
cerca me encuentro aquí de las cenizas
de quienes, al morir, amontonaron
lágrimas y tinieblas en mi vida...

Aquí, de las metrópolis falaces,
la fiebre colosal no me aniquila,
y, por la inmensidad de mis quimeras,
la barca de Ensueño se desliza.

Fanático del verso, me seducen
este ambiente, estas noches, estos días,
y esas tardes solemnes, que parecen
vírgenes que se alejan pensativas.

Y cual monje en su celda, permanezco

en la vasta quietud de mi provincia,
ebrio de luz y amor, frente al paisaje
que Dios ha desplegado ante mi vista.

Mi bandera

Al volver de distante ribera,
con el alma enlutada, y sombría,
afanoso busqué mi bandera
¡y otra he visto además de la mía!

¿Dónde está mi bandera cubana,
la bandera más bella que existe?
¡Desde el buque la vi esta mañana,
y no he visto una cosa más triste!...

Con la fe de las almas austeras
hoy sostengo con honda energía
que no deben flotar dos banderas
donde basta con una: ¡la mía!

En los campos que hoy son un osario
vio a los bravos batiéndose juntos,
y ella ha sido el honroso sudario
de los pobres guerreros difuntos.

Orgullosa lució en la pelea,
sin pueril y romántico alarde:
¡al cubano que en ella no crea
se le debe azotar por cobarde!

En el fondo de oscuras prisiones
no escuchó ni la queja más leve,
y sus huellas en otras regiones
son letreros de luz en la nieve...

¿No la veis? Mi bandera es aquélla
que no ha sido jamás mercenaria,
y en la cual resplandece una estrella
con más luz, cuanto más solitaria.

Del destierro en el alma la traje
entre tantos recuerdos dispersos
y he sabido rendirle homenaje
al hacerla flotar en mis versos.

Aunque lánguida y triste tremola,
mi ambición es que el Sol con su lumbre
la ilumine a ella sola —¡a ella sola!—
en el llano, en el mar y en la cumbre!

Si deshecha en menudos pedazos
llega a ser mi bandera algún día...
¡nuestros muertos alzando los brazos
la sabrán defender todavía!...

Libros a la carta

A la carta es un servicio especializado para
empresas,
librerías,
bibliotecas,
editoriales
y centros de enseñanza;
y permite confeccionar libros que, por su formato y concepción, sirven a los propósitos más específicos de estas instituciones.

Las empresas nos encargan ediciones personalizadas para marketing editorial o para regalos institucionales. Y los interesados solicitan, a título personal, ediciones antiguas, o no disponibles en el mercado; y las acompañan con notas y comentarios críticos.

Las ediciones tienen como apoyo un libro de estilo con todo tipo de referencias sobre los criterios de tratamiento tipográfico aplicados a nuestros libros que puede ser consultado en Linkgua-ediciones.com.

Linkgua edita por encargo diferentes versiones de una misma obra con distintos tratamientos ortotipográficos (actualizaciones de carácter divulgativo de un clásico, o versiones estrictamente fieles a la edición original de referencia).

Este servicio de ediciones a la carta le permitirá, si usted se dedica a la enseñanza, tener una forma de hacer pública su interpretación de un texto y, sobre una versión digitalizada «base», usted podrá introducir interpretaciones del texto fuente. Es un tópico que los profesores denuncien en clase los desmanes de una edición, o vayan comentando errores de interpretación de un texto y esta es una solución útil a esa necesidad del mundo académico.

Asimismo publicamos de manera sistemática, en un mismo catálogo, tesis doctorales y actas de congresos académicos, que son distribuidas a través de nuestra Web.

El servicio de «libros a la carta» funciona de dos formas.

1. Tenemos un fondo de libros digitalizados que usted puede personalizar en tiradas de al menos cinco ejemplares. Estas personalizaciones pueden ser de todo tipo: añadir notas de clase para uso de un grupo de estudiantes, introducir logos corporativos para uso con fines de marketing empresarial, etc. etc.

2. Buscamos libros descatalogados de otras editoriales y los reeditamos en tiradas cortas a petición de un cliente.

www.ingramcontent.com/pod-product-compliance
Lightning Source LLC
Chambersburg PA
CBHW032059040426
42449CB00007B/1143